AF481611

MEDELLÍN DE CERCA

Caminar la ciudad

FELICIANO ESCOBAR
EDITOR GENERAL

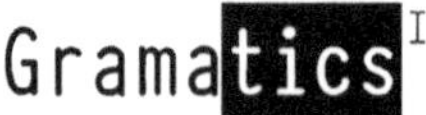

Medellín de cerca
© 2018 Gramatics Agencia Editorial
ISBN 978-958-56583-5-6

Investigación y dirección editorial: Feliciano Escobar
Todos los textos fueron escritos por Feliciano Escobar, excepto «Plaza Minorista» (p. 47),
escrito por Jaime Vélez Villa.
Diagramación y composición: Feliciano Escobar

Revisión y corrección: Feliciano Escobar

Los créditos de las imágenes se encuentran en la página 77.

Mucho más que un libro, *Medellín de cerca* es un proyecto cultural que busca profundizar
en la comprensión de los fenómenos sociales de la ciudad y preservar su memoria
histórica. Únase a nuestra comunidad y manténgase al tanto de las actualizaciones,
discusiones y artículos.

Sitio web: www.medellindecerca.com
Facebook: medellindecerca
Instagram: medellindecerca

Premio internacional de urbanismo
Lee Kuan Yew World City Prize, 2016

La ciudad con mejor percepción de calidad de vida entre sus habitantes
Red de Ciudades Cómo Vamos (Colombia), 2015

La ciudad con el puntaje más alto en la «Encuesta global sobre el estado de las Smart Cities»
Indra (empresa española de consultoría y tecnología), 2014

La ciudad más innovadora
Citigroup, Wall Street Journal y Urban Land Institute, 2013

Premio al Transporte Sostenible
Instituto de Políticas para el Transporte y el Desarrollo (ITDP por sus siglas en inglés), 2012

El término «guayacán» deriva de la palabra taína *waiacan* y se aplica en general a árboles con floraciones coloridas, explosivas y más o menos simultáneas. En el Valle de Aburrá son comunes los amarillos, un poco los rosados y un poco menos los blancos y violetas. Los primeros se cultivaron en el sector de El Poblado desde la segunda mitad del siglo XIX y en el barrio Prado en la década de 1930. Hoy es habitual verlos por toda el área metropolitana.

Impredeciblemente, liberan sus habituales hojas verdes en promedio dos veces al año, después de que se hayan alternado dos períodos de lluvia y dos períodos secos para, en cambio, coparse de flores que en cuestión de ocho días habrán terminado de lanzar al piso, creando toda una escenografía de romanticismo a su alrededor.

El Sistema Integrado de Transporte del Valle de Aburrá (SITVA) está compuesto por el tren metropolitano, el sistema de teleféricos Metrocable, el sistema articulado de buses Metroplús y el tranvía, cuyas líneas se conectan entre sí. El metro funciona como eje, atravesando la ciudad de norte a sur, y se extiende a los municipios aledaños de Bello, Envigado, Itagüí, Sabaneta y La Estrella. Los buses de Metroplús, las cabinas de Metrocable y el tranvía se expanden desde las estaciones del metro hacia diferentes puntos en el oriente y el occidente de la ciudad.

Esta es la infraestructura de medios de transporte urbano más grande del país y un modelo relevante en América Latina. En el año 2012 el Instituto de Políticas para el Transporte y el Desarrollo (ITDP por sus siglas en inglés) otorgó a Medellín el Premio al Transporte Sostenible. Con el mejoramiento y la ampliación de este sistema se busca desestimular el uso del transporte particular y disminuir el parque automotor.

La tradición de la bandeja paisa en Antioquia y demás territorios paisas de Colombia data de los tiempos de la colonización antioqueña (siglos XVIII y XIX) cuando los arrieros llevaban de fiambre el «envuelto antioqueño», una composición rica en carbohidratos para abastecerse de la energía necesaria para encarar una jornada larga y laboriosa, abriendo caminos y arreando mulas hasta llegar al siguiente poblado, descansar hasta el amanecer y continuar un viaje que podría durar hasta dos semanas. Hoy en día, sin embargo, su consumo también es corriente en las principales ciudades de toda Colombia. Sus ingredientes principales son arroz, carne molida, chicharrón, huevo frito, tajada de plátano maduro, chorizo, arepa, frijoles *cargamanto*, guiso de tomate y cebolla, ensalada y aguacate. Por su abundancia, para consumirse en la mesa es necesario servirla en una bandeja.

Juan Carlos, un típico vendedor de mangos

Los vendedores de frutas se encuentran con facilidad en el centro de la ciudad, en las avenidas comerciales, en las zonas deportivas, en los barrios y porterías de colegios y universidades. Los mangos biches (foto) se acostumbra comerlos con limón y sal, una combinación agria que a menudo hace cerrar involuntariamente un solo ojo.

Las papas se cultivan en las zonas rurales de Antioquia y en Medellín es común encontrar ventas ambulantes de papas fritas. Este tesoro de Los Andes salvó a Europa de la hambruna en el siglo XVII y hoy es alimento básico para miles de millones de personas en todos los continentes.

Reliquia en madera
de Jesús Nazareno

Rosario o camándula

La fe católica es la doctrina espiritual tradicional en Colombia; por su oficio se fundaron las ciudades y poblados desde la Conquista Española. A la Arquidiócesis de Medellín pertenecen más de trescientas treinta parroquias católicas que concentran feligreses a lo largo y ancho del Valle de Aburrá; la Virgen de la Candelaria es la patrona de la ciudad, puesto que fue a esta entidad que se ofrendó la primera parroquia de la villa. Sobresale la veneración al Sagrado Corazón de Jesús, a la Virgen del Carmen y a María Auxiliadora.

De izquierda a derecha: estampas de la Virgen del Carmen, el Sagrado Corazón de Jesús y María Auxiliadora, imágenes religiosas.

La cartera por excelencia de los arrieros que colonizaron las zonas paisas de Antioquia fue esta, el carriel. Hay diferentes versiones que explican la aparición y uso de la palabra «carriel». Dicen que primero se llamó «carniel», palabra en desuso que hacía alusión a su composición eminentemente de cuero animal, o sea, de carne. Otros dicen que es el anglicismo *carry-all* ligeramente modificado en su pronunciación. Unos pocos lo han llamado «garniel» o «guarniel». De la manera que fuere, hoy es casi un milagro ver a alguien llevar este accesorio en las calles de Medellín, mientras sí se ve en la ruralidad de los municipios paisas de Antioquia y el Eje Cafetero. En las ferias de la antioqueñidad, que se celebran cada año en las escuelas primarias, los niños visten —posiblemente por única vez en sus vidas— un atuendo típico antioqueño con carriel. Quizás sea ante todo por esto que todo antioqueño sabe que el carriel es un símbolo que, aunque no lo usa, le pertenece.

Los silleteros son los campesinos del corregimiento de Santa Elena en el oriente de Medellín que hasta mediados del siglo XX bajaban desde sus fincas hacia el centro de la ciudad por empinados y estrechos caminos de herradura por los que transportaban sus mercancías de flores y legumbres en armazones de madera que llevaban sobre sus hombros y denominaban «silletas». Siendo este un rasgo muy particular de la ciudad, en 1957 se organizó por primera vez como muestra cultural un desfile de silleteros y a partir de este se desarrolló la Feria de las Flores. En esta muestra participan cerca de quinientos silleteros que realizan un recorrido de dos kilómetros y medio cargando sobre sus espaldas silletas con figuras de flores que pesan entre sesenta y noventa kilogramos. Los silleteros de Santa Elena han sido declarados patrimonio cultural de la nación por el Congreso de la República de Colombia.

Una silleta monumental bajo el
sol ecuatorial de Medellín

Olores de incienso, palosanto y otras hierbas medicinales y aromáticas; collares y aretes hechos a mano; artesanías en tela y en madera; antigüedades y rarezas de todo tipo. Esas cosas que se supone que nunca nadie vendería y que nunca nadie compraría, están en el Mercado de Sanalejo, por excelencia el mercado de las pulgas de la ciudad, que desde 1974 se realiza en el Parque de Bolívar. Hoy, tiene lugar el primer sábado de cada mes, de 8 de la mañana a 6 de la tarde.

Muñecas de colección a la espera de algún comprador en el Mercado de Sanalejo

La pareja de baile integrada por Adelaida Mejía y Jhon Alexánder Blandón en un típico bar del centro de la ciudad

En Medellín se escucha, se compone, se canta y se baila tango más de un siglo después de haber surgido este género musical, a más de siete mil kilómetros de distancia, en las ciudades de Buenos Aires (Argentina) y Montevideo (Uruguay). Al parecer la vocación tanguera de la capital de Antioquia se debe a que en 1935 el primer y más célebre cantante de tango de todos los tiempos, Carlos Gardel, murió en esta ciudad, víctima de un accidente aéreo. Según los investigadores, aunque el público ya era aficionado, en aquel momento afirmó su gusto por esta música.

En el centro de la ciudad, en el barrio Manrique, en el Barrio Antioquia y en los municipios aledaños de Bello y Envigado se encuentran bares tradicionales en los que se toma aguardiente, cerveza o café amargo mientras suenan tangos que pudieron haber sido grabados en la primera mitad del siglo XX. Hay academias y compañías teatrales y de baile —algunas con reconocimiento internacional— que integran a sus elencos desde niños hasta adultos mayores. Ciertos espacios monumentales como el Museo Casa Gardeliana y la Plaza Gardel conservan la memoria tanguera. Se celebra cada año el Festival Internacional de Tango por los días del 24 de junio cuando se conmemora la muerte de Gardel.

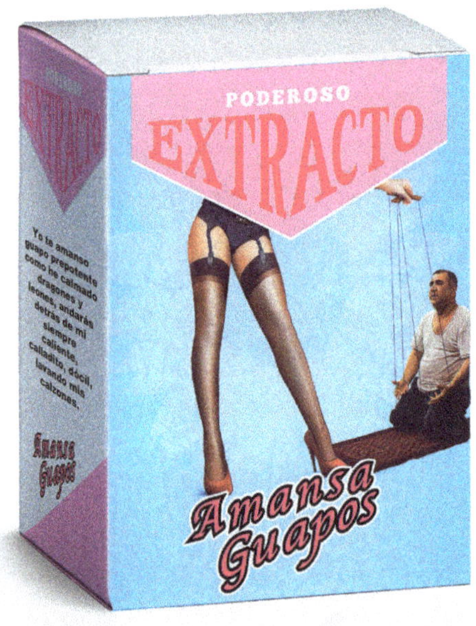
PODEROSO
EXTRACTO
Yo te amanso guapo prepotente como he calmado dragones y leones; andarás detrás de mí siempre caliente, callado; dócil, lavando mis calzones.
Amansa Guapos
Amansa Guapos

PODEROSO
RIEGO
Suerte Rápida

Amansa Guapos, Suerte Rápida, Lluvia de Oro y *Miel de Amor*. Algunas de las preparaciones que ofrecen las tiendas esotéricas del centro de la ciudad. Esencias y baños corporales que prometen la fortuna y el éxito en el amor.

Explora es un parque educativo de ciencia y tecnología con exhibiciones, salas museográficas, espectáculos, conferencias y un salón planetario. Las salas interactivas ofrecen actividades sobre los medios de comunicación, la física y las neurociencias. El planetario presenta *shows* astronómicos y viajes en vivo hasta el borde del universo conocido. El acuario y el vivario

albergan cientos de especies animales de los ríos, mares, bosques y selvas de Colombia. Uno de sus programas más distintivos es *Ciencia en Bicicleta*, una serie de charlas orientadas por distintos expertos, desde investigadores locales hasta premios Nobel, con las que se busca acercar los conocimientos científicos y tecnológicos al ciudadano corriente.

El Orquideorama, ubicado dentro del Jardín Botánico Joaquín Antonio Uribe, llama la atención por su particular techo formado por figuras hexagonales que semejan la unión de grandes pétalos o de panales de abejas. Ha recibido en Colombia el premio Lápiz de Acero por su diseño arquitectónico y el reconocimiento de la Sociedad Colombiana de Arquitectos. El Ministerio de Vivienda del Gobierno de España también le otorgó el premio a la mejor obra de arquitectura en la VI Bienal Iberoamericana de Arquitectura y Urbanismo.

El paseo peatonal de Junín conecta el edificio emblemático de la ciudad (Edificio Coltejer) con el Parque de Bolívar, situados a dos cuadras de distancia. En los años cincuenta, sesenta y setenta fue el eje comercial del lujo, la moda y el entretenimiento de la alta sociedad antioqueña. Aún se conserva la mayoría de los pasajes comerciales y algunos salones de café que concentraron el refinamiento de la ciudad en aquella época. Hoy sigue siendo preferido como lugar de encuentro por muchos nostálgicos que evocan con cariño los viejos tiempos.

RECARGA
A TODOS LOS OPERADORES
À TODOS LOS
OPERADORES
$200

En la Plaza Minorista se compran a precio favorable frutas, verduras, legumbres, hortalizas, panes, carnes, pescados, lácteos, huevos, licores, ropa nueva y usada; preparaciones y platos de la cocina típica nacional como morcilla, empanadas, papas rellenas, tortas de pescado, hígado encebollado, sopa de mondongo, sancocho, frijoles con chicharrón y bandeja paisa. Se mezclan olores cálidos a fritanga, sopa de legumbres, café colombiano, agua de panela y un centenar de hierbas destiladas, con las percepciones frías de jugos tropicales, cebollas, papas, arracachas y carnes en canal. La banda sonora es música popular y de carrilera que sale de las cantinas donde se combate el calor y la sed con cerveza fría, mientras en el fondo resuenan apodos de trabajadores de graneros y locales que no se llaman entre sí por sus nombres, sino «mono», «primo», «orejón» o «pati-ancho».

PRIM
RICARINA
26

MERC
RECARGA
WILFER
ZULUAGA
Margarita

Presentación de Israel Heredia y Cuadro Flamenco en la Casa Museo Otraparte

Otraparte es la casa donde vivió sus últimos años el filósofo y escritor Fernando González (1895-1964), considerado por el Congreso de la República de Colombia como uno de los pensadores colombianos más importantes de todos los tiempos. Su obra ejerció una importante influencia sobre el nadaísmo (movimiento filosófico y literario surgido en Antioquia en la década de 1960). Actualmente esta casa es la sede de la Corporación Otraparte, que se dedica a divulgar el legado de González así como a facilitar la expresión de diferentes alternativas culturales.

El Cementerio Museo San Pedro es un sitio de interés histórico. Existe desde 1842 y fue el primer cementerio privado en Medellín que para entonces era apenas una villa. Algunas personas que fueron relevantes en el país durante los siglos XIX y XX fueron sepultadas allí. Este lugar es único en la ciudad. Ofrece actividades para que personas de todas las edades lo aprovechen como espacio recreativo y cultural. *Me Muero por Jugar*, *Noches de Luna Llena* y *Vive el Cuento*, son algunas de las actividades que se realizan periódicamente y que, en parte, pretenden desmitificar en la población la imagen tenebrosa que se tiene de los cementerios en la noche. Una vez al mes, a las 5:45 de la tarde, se realiza el evento *Atardeceres en el Cementerio* (antes llamado *Noches de Luna Llena*) en el que los visitantes recorren las galerías, visitan las tumbas y mausoleos y disfrutan con presentaciones artísticas en la magia que encierra el camposanto.

El ocaso en el Cementerio
Museo San Pedro

Los domingos y días festivos la Alcaldía de Medellín dispone más de 31 kilómetros de vías para que las personas salgan a trotar, montar en bicicleta o patinar. Durante estas ciclovías se prohíbe el tránsito vehicular en la Avenida del Río, la Avenida El Poblado, la Avenida Oriental y los alrededores del estadio Atanasio Girardot para que los deportistas hagan uso de ellas de una manera cómoda y segura.

Ciclovía en la Avenida El Poblado, bajo el
Túnel Verde que diezma el recalentamiento
del asfalto en la frontera entre Medellín y el
municipio de Envigado

Cerca al Parque de Berrío, corazón de Medellín, está ubicada la Plaza de las Esculturas —también conocida como Plaza Botero—, un lugar de obligada visita donde se expone al aire libre una veintena de esculturas del artista medellinense Fernando Botero. Esta plaza es el antejardín del Museo de Antioquia, que es por antonomasia el templo de las bellas artes de la ciudad.

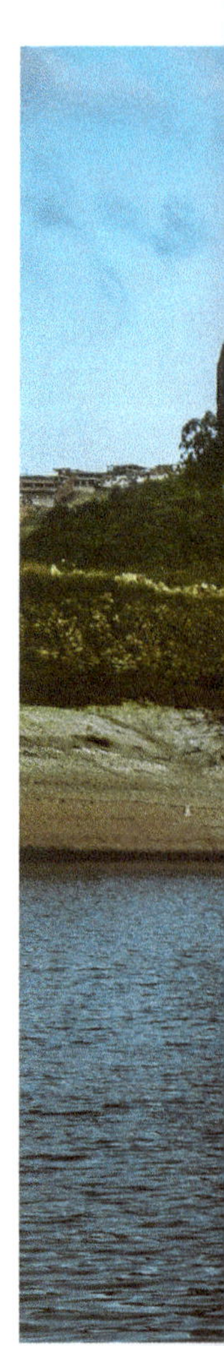

Lo que parece una playa caribeña está realmente a 1925 metros sobre el nivel del mar. A dos horas por carretera desde Medellín hacia el Oriente Antioqueño está el embalse Peñol Guatapé, una represa artificial que desde 1972 dejó bajo sus aguas el antiguo pueblo de El Peñol. Hoy es escenario de diferentes deportes náuticos, botes y motos acuáticas. Junto al embalse se encuentra la Piedra del Peñol, también conocida como El Peñón de Guatapé, un monolito de 220 metros de altura cuya cima ofrece una vista majestuosa del embalse en su plenitud.

Vista del embalse Peñol Guatapé desde la cima del peñón

SINGER

El barrio Prado es la única zona de conservación del patrimonio arquitectónico en la ciudad. En sus inicios (1926 aproximadamente) fue una zona residencial para la clase alta, con lujosas casas de estilos europeos ligeramente adaptados para el clima local. Con el tiempo, sus moradores iniciales se trasladaron a otros sectores de la ciudad, abandonando el glamur de aquellas mansiones nostálgicas. Hoy es común encontrar en Prado sedes de oenegés, clínicas y hogares para adultos mayores; pero también artistas plásticos, músicos, románticos y dramaturgos; galerías de arte, salas de teatro, casas de moda, talleres de artesanos, salones de café y aposentos de gastrónomos; todos convergen en la atmósfera retro de Prado Centro. Como una burbuja, cada estancia es una casa del misterio. Se puede encontrar un submundo mágico detrás de sus fachadas, unas raídas, otras consistentemente esmaltadas para sobreponerse a la vejez.

El Teatro Águila Descalza, fundado por la
compañía teatral que lleva el mismo nombre,
es la entidad artística y cultural más popular
del barrio Prado. También se encuentran
el centro de arte contemporáneo Casa Tres
Patios, la casa de modas Adrissa y el centro
cultural Plazarte, entre otros.

¡Oh, mi amada Medellín, ciudad que amo,

en la que he sufrido, en la que tanto muero!

Mi pensamiento se hizo trágico entre tus altas montañas,

en la penumbra casta de tus parques, en tu loco afán de dinero.

Pero amo tus cielos claros y azules, como ojos de gringa.

(Fragmento del poema *Medellín, a solas contigo* de Gonzalo Arango)

El Valle de Aburrá visto desde la Avenida Las Palmas en el municipio de Envigado

Aimdigital.com.ar. (2016). El tesoro de Los Andes salvó del hambre a Europa. [*Online*] *available at*: http://www.aimdigital.com.ar.
Artículo periodístico sobre el cultivo de la papa en Europa. En el siglo XVII incrementó el consumo de papas en el continente europeo ante las malas cosechas de cereales causadas por la Guerra de los Treinta Años.

Arango, G. (2016). Obra negra. Editorial Universidad Eafit. Medellín, p. 159.
Obra publicada en Buenos Aires, Argentina, en el año de 1974. La edición 3.ª está a cargo de la Editorial Universidad Eafit y cuenta con la compilación de Jotamario Arbeláez, quien fue amigo personal del autor e hizo parte del movimiento nadaísta en la segunda mitad de siglo XX.

Botanicomedellin.org. (2016). Jardín Botánico de Medellín Joaquín Antonio Uribe // Medellín – Colombia. [*Online*] *available at*: http://www. botanicomedellin.org.
Sitio oficial del Jardín Botánico de Medellín Joaquín Antonio Uribe. El espacio es manejado por agencias privadas sin ánimo de lucro. La zona natural se consolida a partir del 19 de abril de 1972, durante la VII Conferencia Mundial de Orquideología. El Pabellón de flora hace parte del Sistema Nacional Ambiental (Sina).

Epm.com.co. (2016). Embalse Peñol Guatapé. [*Online*] *available at*: http://www. epm.com.co/site/comunidadymedioambiente.
Sitio informativo sobre el Embalse Peñol Guatapé. Allí se encuentran datos sobre la capacidad, oferta y demanda de energía producida en el embalse. El interesado puede encontrar información de los eventos en el municipio de

Guatapé.

Elpenol-antioquia.gov.co. (2016). Sitio web del municipio El Peñol en Antioquia. [*Online*] *available at*: http://www.elpenol-antioquia.gov.co.
Página oficial de la Alcaldía de El Peñol. El municipio se encuentra a 62 kilómetros de la ciudad de Medellín. En la página web se encuentra información de interés sobre el municipio de El Peñol, guía de sitios turísticos, festividades y directorio con información hotelera y gastronómica.

Fao.org. (2008). Año Internacional de la Papa. [*Online*] *available at*: http://www.fao.org/potato-2008.
Portal oficial del Año Internacional de la Papa en 2008. La finalidad es divulgativa y busca generar conciencia de la importancia del tubérculo como alimento estratégico de los países en vía de desarrollo. Allí también se promueve la investigación y el mejoramiento de la producción para cumplir las metas fijadas por las Naciones Unidas.

González Toro, R. (2015). En Medellín se quedaron para siempre las voces del tango - Medellín - El Tiempo. [*Online*] *available at*: http://www.eltiempo.com/colombia/medellin/la-historia-del-tango-en-medellin.
Artículo periodístico en el cual se reseña la influencia del ritmo del tango en todos los grupos sociales de la ciudad de Medellín. Además se destaca el vínculo que se da entre el argot del lunfardo bonaerense y el habla popular de los medellinenses, gracias a la conexión de los habitantes de la capital antioqueña con las letras y la expresión musical del tango.

Guatape-antioquia.gov.co. (2016). Sitio web del municipio Guatapé en Antioquia. [*Online*] *available at*: http://www.guatape-antioquia.gov.co.
Sitio oficial de la Alcaldía de Guatapé. El municipio se ubica a 75 kilómetros de la ciudad de Medellín. En la página web se encuentra información de interés sobre el municipio de Guatapé, guía de sitios turísticos, festividades y directorio con información hotelera y gastronómica.

Inder.gov.co. (2016). INDER Alcaldía de Medellín. [*Online*] *available at*: http://www.inder.gov.co.
Sitio en internet de la Alcaldía de Medellín con acceso a la agenda de espacios y horarios para la actividad deportiva y recreativa en la ciudad. El Instituto de Deportes y Recreación de Medellín (Inder) promueve la actividad física y deportiva, también promueve espacios para la equidad y la sana convivencia.

Jaramillo Panesso, J. (1998). Vení leéme. Universidad Autónoma Latinoamericana. Medellín, pp. 65-68.
En el libro se incluye un ensayo literario con información histórica y referencias a textos sobre la historia y el uso del carriel en Antioquia. El autor sugiere que anteriormente este accesorio se denominaba «guarniel» (término incluido en el *Diccionario de la Real Academia Española*) y cita el *Diccionario folclórico antioqueño* de Jaime Sierra García para explicar el origen de la palabra «carriel».

Parqueexplora.org. (2016). Parque Explora Medellín. [*Online*] *available at*: http://www.parqueexplora.org.
Web oficial del Parque Explora en Medellín. El edificio es un parque interactivo que tiene como objetivo principal despertar en el público el interés por la

ciencia, el arte y la tecnología.

Silleteros.com. (2016). Sitio oficial de los Silleteros de Santa Elena. [*Online*] *available at*: http://www.silleteros.com.
La página electrónica pertenece a la Corporación de Silleteros de Santa Elena. El interesado puede consultar la historia y la cultura silletera. En el sitio se obtiene información de las distintas actividades y noticias relacionadas con la comunidad del corregimiento de Santa Elena.

Telemedellín (2015). Tango Medellín. [Video] *available at*: https://vimeo.com.
El documental ganó el Premio Simón Bolívar a mejor emisión cultural en Colombia, ya que narra la historia del tango en Medellín. Presenta testimonios de personajes representativos a través de un recorrido por los lugares de la vida bohemia en la ciudad, como lo son el Málaga, La Payanca, el Homero Manzi, el Patio del Tango y la Casa Gardeliana, entre otros.

Vitullo, M. (2015). El tango en Colombia: entrada al país a principios del siglo XX y permanencia en la región del Eje Cafetero luego de 1930... *1st ed.* [*ebook*] Buenos Aires: Universidad de Buenos Aires. *Available at*: http:// jornadasdesociologia2015.sociales.uba.ar.
Ponencia presentada en las Jornadas de Sociología de la Universidad de Buenos Aires en 2015. La autora analiza la difusión del ritmo popular argentino en Colombia y el arraigo del tango en la cultura popular cafetera.

Cubierta

Yezid Estarling Ciro Zapata (ilustración).

Páginas interiores

· Kamyar Adl: p. 38 (fotografía de hombre arrodillado en producto «Amansa Guapos») –*Praying in Hamam (Bath House)*– © bajo licencia *Creative Commons*. [*Online*] *available at*: flickr.com/photos/kamshots/5741008074/.

· Jorge Andrés Cano Saldarriaga: pp. 28, 58-59.

· William Adolfo Cardona Bedoya: pp. 18-19, 34-35.

· Yezid Estarling Ciro Zapata: pp. 1, 38-39 (ilustraciones y fotocomposición).

· Hanner Steven Gómez Giraldo: p. 13 (derecha).

· Andrés Grajales: pp. 8-9, 10, 12, 16-17, 20-24, 26, 32-33, 36, 38-39 (solo empaques y envases), 40-49, 54-57, 60-66, 68-71.

· Santiago Londoño González: p. 7.

· Juan Sebastián López: p. 13 (izquierda).

· Óscar López: p. 14.

· Lina Restrepo/Corporación Otraparte: pp. 50-51.

· Oscar Andrés Tobón Passos: pp. 30-31.

· Catalina Vásquez/Secretaría de Desarrollo Económico Alcaldía de Medellín: pp. 52-53.

· 'eatsmilesleep': p. 38 (fotografía de ruleta de casino en producto «Suerte Rápida») –*roulette*– © bajo licencia *Creative Commons*. [*Online*] *available at*: flickr.com/photos/45378259@N05/6050121954/.

Gramatics Agencia Editorial expresa sus agradecimientos a las personas e instituciones que, con la voluntad de promover la cultura de Medellín, colaboraron en diferentes aspectos con la elaboración de este volumen. Apreciamos enormemente la cooperación de:

· Adrissa S.A., en cuyas instalaciones se tomaron algunas fotografías.
· Alberto Morales Peñalosa, por su revisión de antecedentes históricos acerca del tango en Medellín.
· Alianza Francesa Medellín, en cuyas instalaciones se tomaron algunas de las fotografías.
· Ambroxia Beauty Salon Parque Lleras, cuyos profesionales realizaron el maquillaje y peinado de los artistas para la fotografía del artículo *Tango*.
· Área Metropolitana del Valle de Aburrá, en especial sus funcionarios de la Dirección Ambiental, Ana Cecilia Arbeláez Arboleda, Diana Fernanda Castro Henao, Eugenio Gaviria Cardona, Claudia Helena Hoyos Estrada y Ana Milena Joya Camacho, quienes proveyeron información técnica sobre el origen del término «guayacán», las características de esta especie, su distribución, la historia de su cultivo y su ciclo biológico.
· Asdrúbal Valencia Giraldo de la Academia Colombiana del Tango, por sus precisiones con respecto al pasado y presente de la oferta cultural que existe en Medellín relacionada con el tango.
· Bar Boyacá, en cuyas instalaciones se tomó la fotografía del artículo *Tango*.
· Carolina Buitrago Salazar, por su apoyo en la toma de fotografías.
· Corporación Otraparte, por autorizar el uso de sus fotografías de la Casa Museo Otraparte.
· Corporación de Silleteros de Santa Elena, en especial Nelson Gaviria y Patricia Atehortúa Atehortúa, por su asesoría en aspectos históricos de los silleteros y el Desfile de Silleteros.

· El Candombe Academia de Baile, por facilitar los derechos de uso de imagen del artista Jhon Alexánder Blandón.

· Elizabeth Vargas Jiménez, artesana y viuda del ex presidente de la Asociación de Artesanos Unidos del Valle de Aburrá, Jairo Sánchez Bustamante (1951-2014), quien brindó algunos datos acerca del nacimiento del Mercado de Sanalejo.

· Gloria Elena Erazo Garnica, habitante del barrio Prado, por su información sobre la historia y las características arquitectónicas del mismo.

· Hotel Nutibara, en cuyas instalaciones se tomaron algunas fotografías.

· Jaime Jaramillo Panesso, quien suministró algunas de sus notas literarias y periodísticas sobre el tango y el carriel. La explicación del origen de la palabra «carriel» fue tomada de su texto *El guarniel*, en el que cita el *Diccionario folclórico antioqueño* de Jaime Sierra García.

· Joaquín Eduardo Álvarez Jiménez, coleccionista de tangos, quien colaboró sugiriendo fuentes bibliográficas para el artículo *Tango*.

· Jorge Janna Arte Religioso, en cuyas instalaciones se tomaron las fotografías del artículo *Fe católica*.

· Luis Fernando Marín Jaramillo, de la división de Fomento Turístico de la Secretaría de Cultura Ciudadana de Medellín, por sus orientaciones con respecto a la historia del Mercado de Sanalejo.

· María Elvira Montoya, su hermana Patricia y sus padres, quienes nos acogieron amablemente en su casa para facilitar parte del trabajo fotográfico.

· Plaza Mayor Medellín, en cuyas instalaciones se tomaron algunas fotografías.

· Plaza Minorista José María Villa, en cuyas instalaciones se tomaron algunas fotografías.

· Restaurante Hato Viejo Las Palmas, en cuyas instalaciones se tomaron algunas fotografías.

· www.adelaidamejia.com, por facilitar los derechos de uso de imagen de la artista Adelaida Mejía.

www.ingramcontent.com/pod-product-compliance
Lightning Source LLC
Chambersburg PA
CBHW041834110726

48006CB00020B/2617